SENTIMIENTOS IMPORTANTES
SENTIRSE EMOCIONADO

por Mary Lindeen

NORWOOD HOUSE PRESS

ESTIMADO (A) CUIDADOR (A),

Los libros de la serie Comenzando a Leer - Grandes Sentimientos apoyan el aprendizaje social y emocional (ASE) de los niños. Se ha demostrado que el ASE promueve no sólo el desarrollo de la autoconciencia, la responsabilidad y las relaciones positivas, sino también el rendimiento académico.

Investigaciones recientes revelan que la parte del cerebro que gestiona las emociones está directamente conectada con la parte del cerebr que se utiliza en tareas cognitivas como la resolución de problemas, lógica, razonamiento y pensamiento crítico, todo lo cual es fundament para el aprendizaje.

El ASE también está directamente vinculado con lo que se conoce como Habilidades del Siglo XXI: colaboración, comunicación, creativida y pensamiento crítico. Los libros incluidos en esta serie de ASE ofrecen un acercamiento temprano para ayudar a los niños a desarrollar la competencias que necesitan para tener éxito en la escuela y en la vida.

En cada uno de estos libros, los niños más pequeños aprenderán a reconocer, nombrar y manejar sus sentimientos, al tiempo que aprenden que todo el mundo comparte las mismas emociones. Esto les ayuda a desarrollar competencias sociales que les beneficiarán en sus relaciones con los demás, lo que a su vez contribuye a su éxito en la escuela. Además, los niños también practican habilidades lectoras tempranas mientras leen palabras de uso frecuente y vocabulario relacionado con el contenido.

Los materiales de la parte posterior de cada libro le ayudarán a determinar el grado de comprensión de los conceptos por parte de su hijo, le proporcionarán diferentes ideas para que practique la fluidez y le sugerirán libros y páginas de internet con lecturas adicionales.

Lo más importante de la experiencia de lectura con estos libros, y con todos los demás, es que su hijo se divierta y disfrute leyendo y aprendiendo.

Atentamente,

Mary Lindeen

Mary Lindeen, autora

Norwood House Press

For more information about Norwood House Press please visit our website at www.norwoodhousepress.com or call 866-565-2900.
© 2022 Norwood House Press. Beginning-to-Read™ is a trademark of Norwood House Press.
All rights reserved. No part of this book may be reproduced or utilized in any form or
by any means without written permission from the publisher.

Editor: Judy Kentor Schmauss   **Designer**: Sara Radka   **Consultant**: Eida Del Risco

Photo Credits: Getty Images: LWA, 14, Ariel Skelley, 9, FatCamera, 3, ferrantraite, 21, Images By Tang Ming Tung, 14, 15, Jose Luis Pelaez Inc, 26, Jupiterimages, 10, Khosrork, cover, 1, Maki Nakamura, 15, Marc Romanelli, 14, Michael Prince, 17, MoMo Productions, 29, Robin Bartholick, 18, Robyn Breen Shinn, 5, SanyaSM, 25, SDI Productions, 13, Vladimir Vladimirov, 6, wilpunt, 22

Library of Congress Cataloging-in-Publication Data
Names: Lindeen, Mary, author.
Title: Sentirse emocionado / por Mary Lindeen.
Other titles: Feeling excited. Spanish
Description: Chicago : Norwood House Press, [2022] | Series: Beginning-to-read | Audience: Grades K-1 | Summary: "What does it mean to feel excited? Readers will learn how to recognize and manage that feeling in themselves, and how to respond to others who feel that way. An early social and emotional book with Spanish-only text, including a word list"-- Provided by publisher.
Identifiers: LCCN 2021049937 (print) | LCCN 2021049938 (ebook) | ISBN 9781684507986 (hardcover) | ISBN 9781684047123 (paperback) | ISBN 9781684047208 (epub)
Subjects: LCSH: Enthusiasm--Juvenile literature.
Classification: LCC BF575.E6 L4618 2022 (print) | LCC BF575.E6 (ebook) | DDC 153.1/533--dc23/eng/20211124
LC record available at https://lccn.loc.gov/2021049937
LC ebook record available at https://lccn.loc.gov/2021049938

Library ISBN: 978-1-68450-798-6   Paperback ISBN: 978-1-68404-712-3

347N—012022
Manufactured in the United States of America in North Mankato, Minnesota.

¿Qué haces cuando te sientes emocionado?

¿Aplaudes?

Tal vez sonríes o te ríes
cuando te emocionas.

O tal vez saltas
de emoción.

¡Tal vez haces todo eso!

Hay muchas
formas de
demostrar que
estás emocionado.

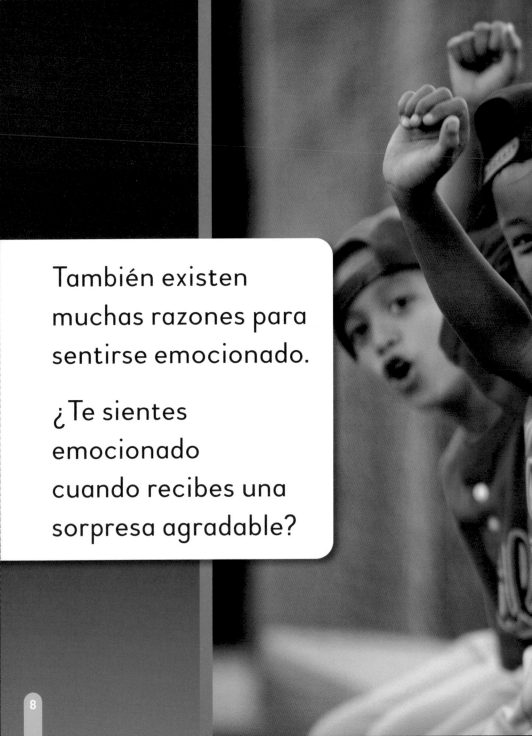

También existen
muchas razones para
sentirse emocionado.

¿Te sientes
emocionado
cuando recibes una
sorpresa agradable?

¿Te sientes emocionado cuando logras hacer algo que habías deseado hacer?

¿Te sientes
emocionado
cuando aprendes
cosas nuevas?

La gente se siente emocionada por diferentes cosas.

Pero todos nos sentimos emocionados alguna vez.

Hay veces que puedes sentirte un poco emocionado.

¡Y otras veces puedes sentirte realmente emocionado!

Y, a veces, puedes
sentirte incluso
demasiado emocionado.

Eso puede hacer que te
sea difícil controlarte.

Podrías hablar
muy fuerte o
hablar demasiado.

Tu cuerpo podría
sentir que tiene
demasiada energía.

Puede ser difícil
tranquilizarte
cuando te sientes
demasiado emocionado.

Pero hay cosas que puedes
hacer para ayudarte.

Respira profundamente.

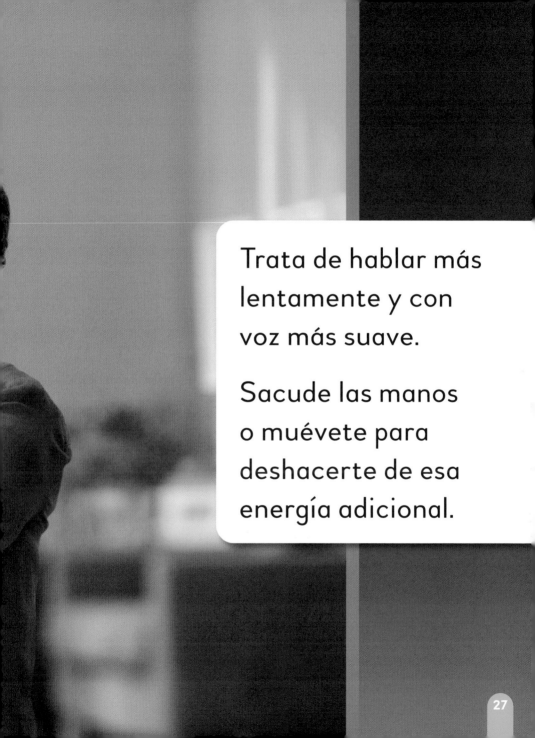

Trata de hablar más lentamente y con voz más suave.

Sacude las manos o muévete para deshacerte de esa energía adicional.

¡Ahora puedes relajarte y divertirte!

Lista de palabras

a
adicional
agradable
ahora
algo
alguna
aplaudes
aprendes
ayudarte
con
controlarte
cosas
cuando
cuerpo
de
demasiada
demasiado
demostrar
deseado
deshacerte
diferentes
difícil
divertirte
emoción
emocionada
emocionado

emocionados
emocionas
en
energía
esa
eso
estás
existen
formas
fuerte
gente
habías
hablar
hacer
haces
hay
incluso
la
lentamente
logras
manos
más
muchas
muévete
muy
nos

nuevas
o
otras
para
pero
poco
podría
podrías
por
profundamente
puede
puedes
que
qué
razones
realmente
recibes
relajarte
respira
ríes
sacude
saltas
se
sea
sentimos
sentir

sentirse
sentirte
ser
siente
sientes
sonríes
sorpresa
suave
tal vez
también
te
tiene
todo
todos
tranquilizarte
trata
tu
tus
un
una
veces
voz
y

Sobre la autora

Mary Lindeen es escritora, editora, madre y, anteriormente, profesora de primaria. Ha escrito más de 100 libros para niños y ha editado muchos más. Se especializa en la alfabetización temprana y en libros para jóvenes lectores, especialmente de no ficción.